主　编 —— 袁岚峰
执行主编 —— 张周项

未来世界的能源之道

刘歆颖 —— 著
大　鱼 —— 绘

湖南科学技术出版社 · 长沙

推荐序

亲爱的孩子们，当我翻开《我是未来科学家》这套书时，我仿佛看到了科学的无限可能，也看到了你们充满好奇和渴望知识的眼睛。科学，是一场永无止境的探险。小时候在乡村的生活，让我受到了大自然的熏陶和感染，对科学好奇的种子或许那时就已经萌发。然而，我的科学之旅，可以说是一本《化石》杂志开启的。那是我在高中时期，一次偶然的机会，班主任为我们订阅了这本杂志，它让我第一次近距离接触到地球与生命科学的世界。在科研的道路上，我经历了不少的挑战与困难，但我始终保持着那份对科学的好奇与热爱。

在 21 世纪的今天，科学的发展日新月异，科学不仅仅是实验室里的研究，它更是推动社会进步、改善人类生活的强大力量。前沿科学代表着科技发展的最先进部分，是推动社会进步和持续发展的重要力量。普及前沿科学，对于提高公众的科学素质、培养孩子的科学精神和创新意识具有重要意义。它不仅能够拓宽你们的科学视野，还能够激发你们对未知世界的探索欲望，为未来的科技创新储备人才。

这套书，就像是一扇通往科学世界的窗户，让你们能够窥见前沿科技的魅力。在《我是未来科学家》中，10位专家为孩子们呈现了人工智能、生命科学、能源开发、量子科技、虚拟世界、太空探索等10个领域的最新技术及原理、实际应用以及改变世界的力量，讲述了科学家奋斗的艰辛历程。这套书不仅展示了科技的巨大潜力，也为我们指明了未来发展和前进的方向。孩子们将在书中感受到，科学并非遥不可及，而是就在我们的生活中，只要我们用心去发现，就能找到它的踪迹，激励我们去追寻那些尚未被揭示的科学奥秘，去挑战那些看似不可能的问题。

孩子们，你们是科学的未来，是国家的希望。期待你们在阅读这套书的过程中，能够感受到科学的魅力，激发起对科学的热爱和追求。希望你们保持对科学的好奇心，勇于挑战未知，成为未来的科学家和创造者。

最后，我要感谢这套书的编创团队，他们用生动的语言和精彩的故事，为大家描绘了一个充满奇幻和奥秘的科学世界。我相信，在这套书的陪伴下，你们一定能够放飞科学的梦想，探索未知、创造未来！

中国科学院 周忠和

小朋友们，当你们观察到这些现象时，有没有想过是什么在背后推动这一切呢？

是能量。

能量驱使万物运动，塑造了这个多姿多彩的世界。

我们人类也需要能量才能生存。我们吃饭就是在获取能量，这种能量叫作生物质能。我们在太阳下晾晒东西或者做饭，是在利用太阳能。自古以来，人类就会利用水流和风力航行，这就是利用水能和风能。人们还会去温泉里泡澡，这是利用地热能。

人类社会一直在发展，对能源的需求也日益增多。光靠太阳能、风能、水能已难以满足需求，于是我们找啊找，找到了煤炭、石油、天然气等化石能源。

虽然从地里开采出来有点费劲，但它效率高，比燃烧枯枝和靠太阳能加热强太多了。

曾经，人们利用这些能源的方式也简单粗暴，那就是烧水。

用木头和煤炭烧开水，再用蒸汽的力量推动蒸汽机叶片转动，机器就能帮我们做很多事情。后来，科学家发明了发电机，转动的叶片能用来发电，电能是我们今天十分常见的能源。

电能主打的是便捷性。

它可以点亮灯光、提供温暖，还可以驱动电脑、手机等各类电动设备运转。

更重要的是，电力传输极为便利，可以通过电线送到很远的地方，实现一处发电、处处使用，从而大幅度降低了能源运输的成本。

如果说电网如同一条大河，电池就相当于一个小池塘，让我们的电器不用一直插着电线，可以随时随地使用。

在不方便架设输电线路的地方，就需要使用电池，我们的电动车就是靠电池提供能量的。

如今，电能已渗透至我们生活的每一个角落。但你知道吗？在遥远的过去，人类是用燃油点火照明，后来发明了内燃机，才开始通过燃烧石油让机器运转。

煤炭、石油、天然气都是源自亿万年前植物和动物遗骸的化石，所以被统称为化石能源。这些能源的本质是储存了几亿年前的太阳能，供我们现在使用。

几亿年前，高高的绿色植被、小小的浮游生物，在地质变迁的作用下深埋地下，历经亿万年的演化，最终转化为了煤炭和石油。

然而，化石能源有着无法回避的难题。将历经数亿年积累的碳放在短短几十年内烧掉，势必会引发严重的污染问题，也会导致大气中二氧化碳含量显著提升，进而加剧全球气候变化的危机。

而且，化石能源的形成需要数亿年之久，一旦耗尽，我们该怎么办呢？

于是，新能源闪亮登场了。

虽然名为新能源，其实是人类的“老朋友”了。很久很久以前，人类就开始利用太阳能、风能、水能了，这些都是新能源的一部分。

现在我们仍把它们叫作新能源，是因为我们发现了更好用的方法来利用它们。

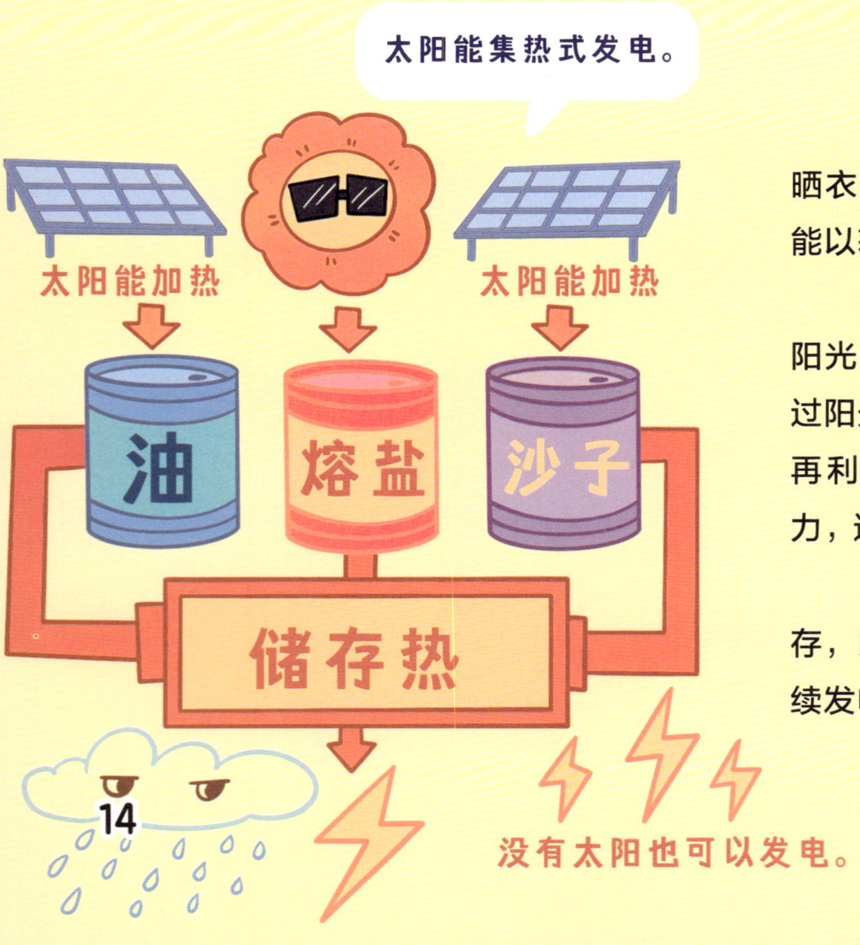

比如，以前人们会依赖太阳直接晾晒衣服，后来我们利用吸热板聚集太阳能以获取高温，应用于热水器中。

但这些应用都有局限性——只有在阳光充足的天气下才好使。今天我们通过阳光加热导热油、熔盐、沙子等物质，再利用这些高温热量来加热水产生电力，这种方法被称为太阳能集热式发电。

它的优势在于，热能可以被暂时储存，即使在没有阳光照射的时候也能持续发电。

当光线照射到物质表面时，物质里面的电子会被激发出来，这种现象叫作光电效应。

我们可以利用这个原理来发电，这就是太阳能光伏发电技术。它不需要经过加热水的步骤，直接将光能转化为电能，非常方便。太阳能光伏发电技术早期主要应用于卫星领域，现在光伏发电技术几乎随处可见。

风也可以帮助我们发电，这种方式叫作风电。由于空气在不断流动，风电能够不分昼夜地产生电力，在某种程度上，要比太阳能更为可靠。

地球内部的高温能把岩石熔融成岩浆，这些岩浆有时会从火山口喷发出来，这是地热资源。

目前，我们只能利用浅层的地热资源，但科研人员正在往地球更深处探索。

与这些能源比起来，核能更具科技感。它的原理涉及物质基本结构的改变，利用更深层次的物理原理来发电。目前我们主要是利用核裂变原理来发电，核聚变发电仍是未来要实现的梦想。

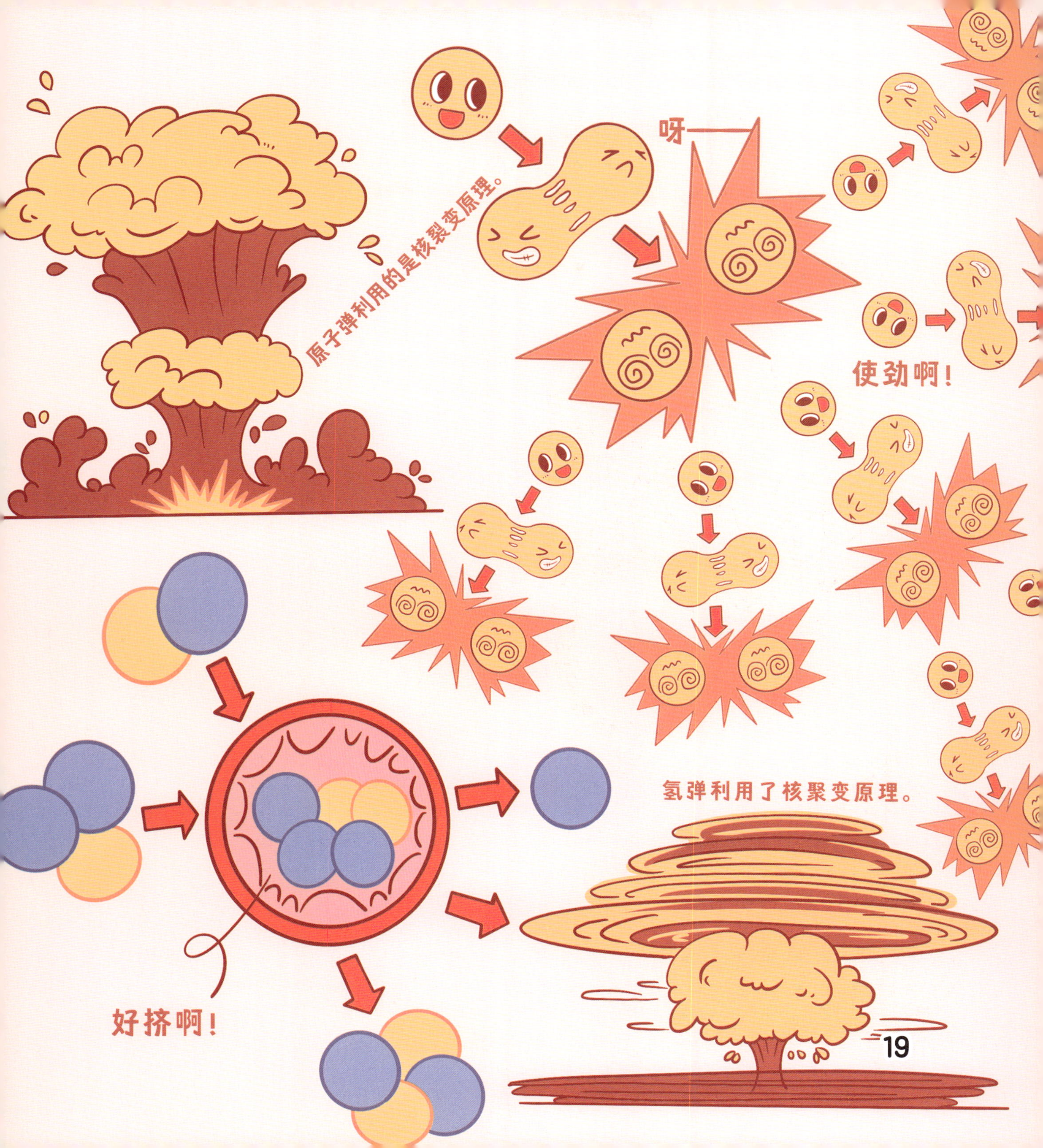
原子弹利用的是核裂变原理。
呀
使劲啊！
好挤啊！
氢弹利用了核聚变原理。

电的使用让我们的生活更为便捷，但电能也面临难以直接储存的问题。

我们总不能发一度电就用一度电吧！

所以科学家发明了电池，这些由几块金属板组成的装置能够储存电能，并方便我们携带和使用。从手机到街上行驶的绿牌电车等各种设备，都是靠电池来驱动的。

除了电池，电还有其他的储存方式。

比如可以利用电站把水抽到高处，在需要电力时释放水流驱动水轮机发电，这种方式叫抽水储能，可以储存巨大的能量。这种方法的优点在于环保，但也存在局限性，它需要足够大的地形落差，还得挖掘足够大的湖泊储存这些水。

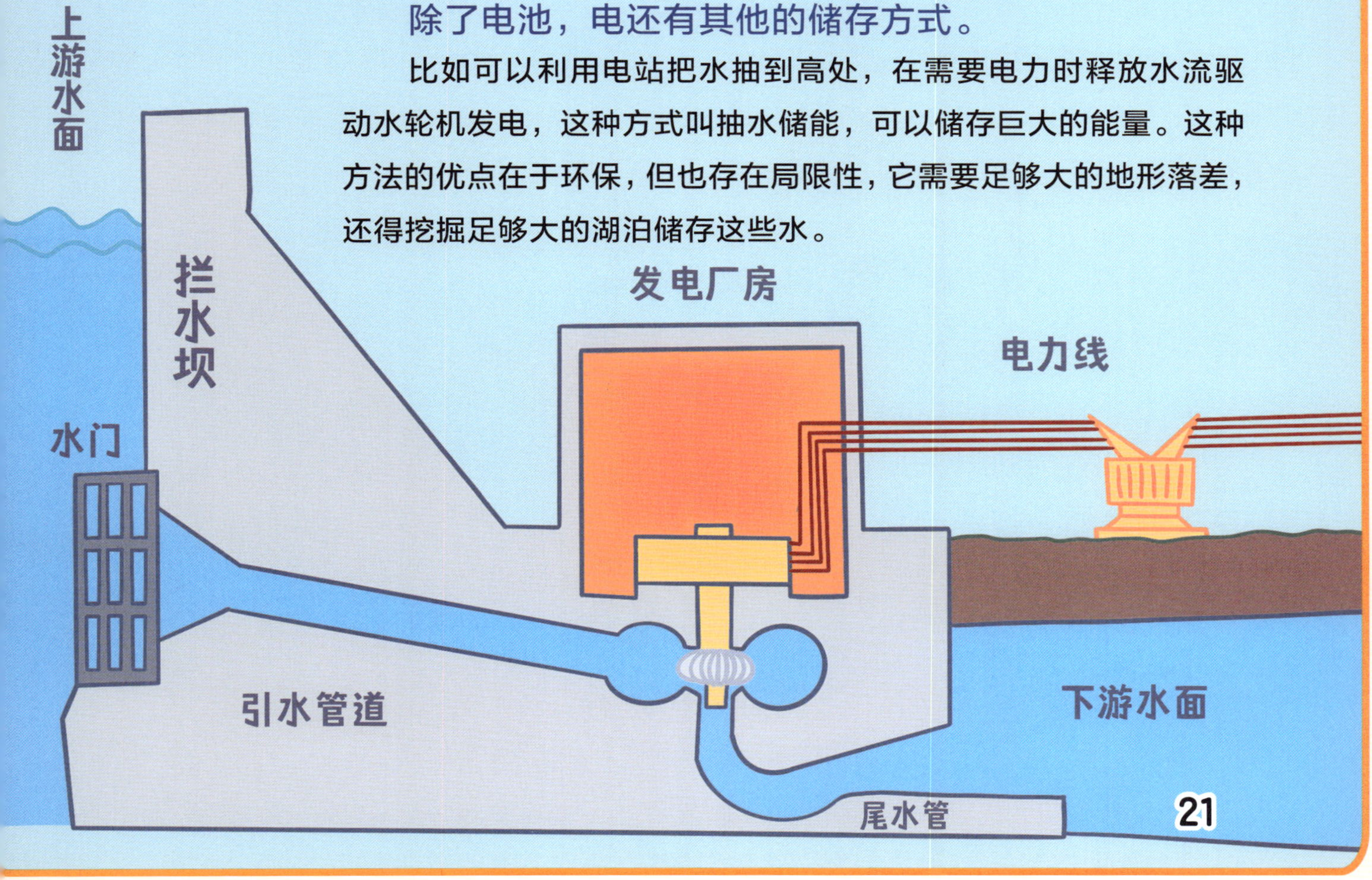

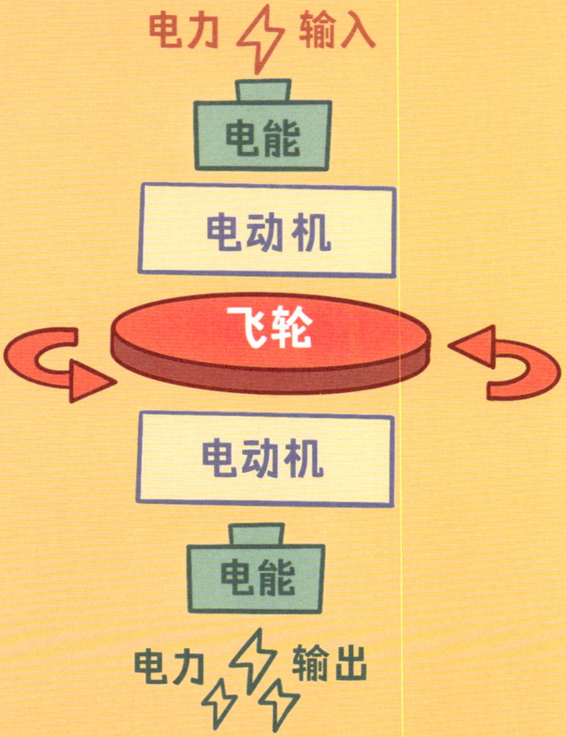

再比如利用电能让飞轮飞速运转，在需要电时再减速发电，这叫作飞轮储能。

还可以用电能压缩空气，在需要电力时释放高压空气来发电，这叫作压缩空气储能。

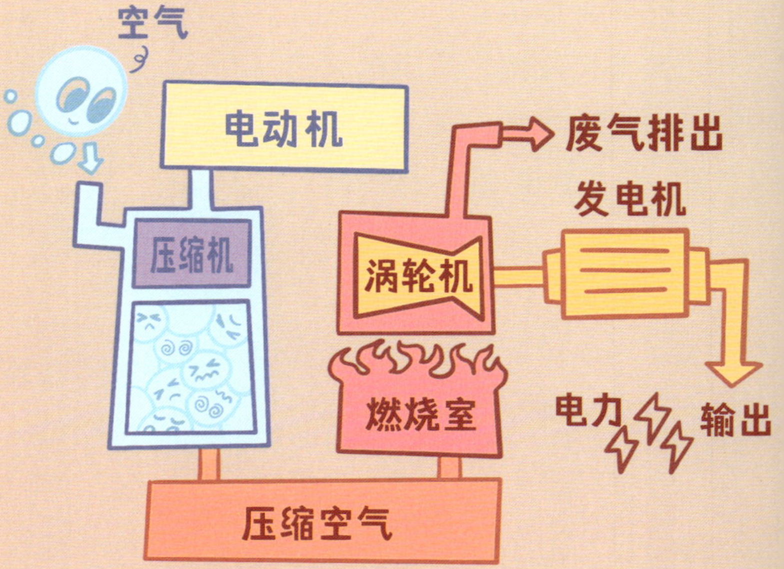

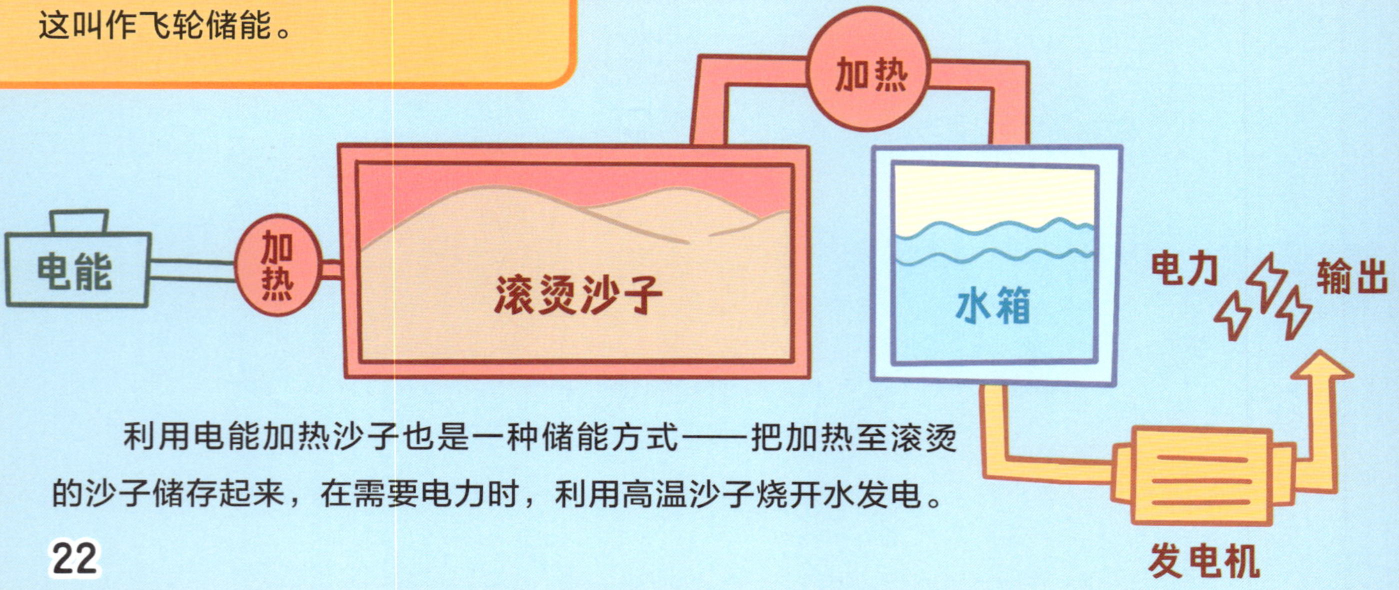

利用电能加热沙子也是一种储能方式——把加热至滚烫的沙子储存起来，在需要电力时，利用高温沙子烧开水发电。

生物燃料

有一种新能源可以直接储存，它就是生物质能。植物通过光合作用把太阳能变成生物质能，就完成了太阳能的存储。

现在集中利用生物质能进行发电和供热，它便成为新能源了。生物质能不仅是能源形式，也被视为环保的碳资源代表。

类似地，其他新能源也可以转换成相应碳基化学物进行存储。这时，就需要我们从大气里面直接收集二氧化碳了。

二氧化碳在大气中的浓度极低，每立方米只有 400 多毫升，而且捕集与浓缩过程也比较复杂。虽然现在有很多相关技术在研发中，但成本还比较高，提取 1 千克二氧化碳需要花费约 1 美元，比许多食品都贵，但是未来的应用前景仍被看好。

预计几十年后，从空气中捕集二氧化碳的成本会降低，二氧化碳将成为绿色碳的重要来源。

当我们以绿色碳源为起点，利用新能源实施化学转化，便能生产出各种绿色化学品。这些化学品在生产过程中可以实现零排放，不再依赖化石能源，是未来化学品生产的新趋势。

如果用这些新能源来制造燃料，也算是一种新能源的化学储能方式。

这种能源有具体的物质形态，其运输和存储比电能的储存、输送更为方便，将来可能会成为新能源跨洋运输的重要方式。

风能和太阳能等新能源的分布不均与需求的矛盾也是我们当下面临的挑战。很多能源消耗大的地区，比如我国东部沿海地区，并没有足够的风能、太阳能等新能源资源；而西北内陆地区风大、日照强，新能源资源丰富，但却对能源需求不多。

因此，新能源和化石能源一样，也需要运输。在陆地上，电网可以把电力输送至一定距离，但是如果要进行远距离或者跨海洋运输，很可能需要把电转化为具体的物资，以便于运输和存储。

於是，氢作为一种新型的能源载体应运而生。氢燃烧产生水，对环境几乎无污染，是一种优质的能源载体。

于是有人提出，在能源过剩的地方发电，通过电解水产生氢气，再把氢气运到需要能源的地方燃烧产生能源，不就实现绿色环保了嘛！

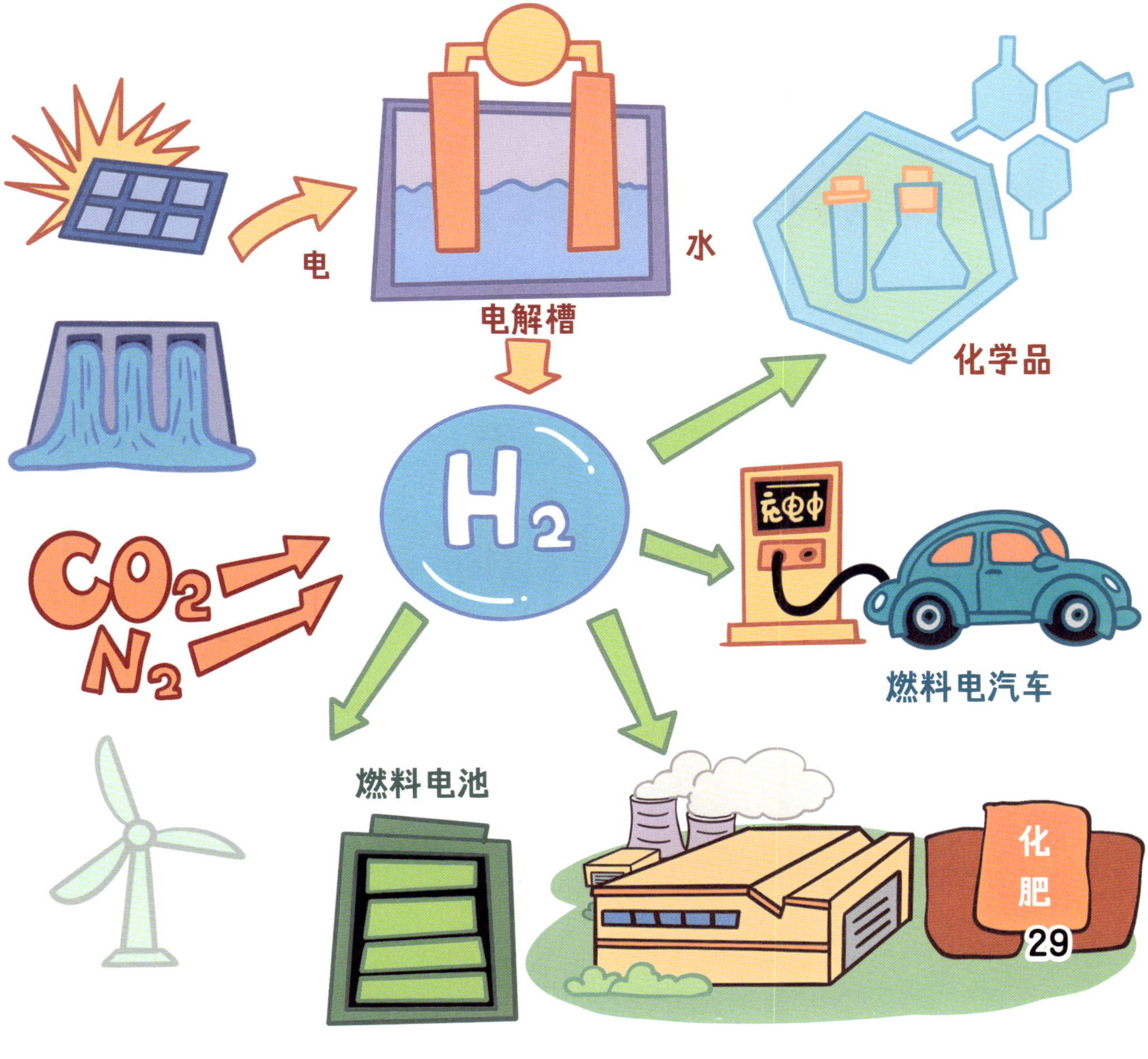

但这一方案有两点局限性。

第一，氢并不是一次能源，只是一次能源的搬运工。其环保性取决于制备氢的过程中所使用的能源是否干净。如果使用光伏或风力发电电解水制备氢，那得到的就是环保的氢；如果依赖烧煤发电进行电解水制氢，那在环保方面就会有所欠缺。

第二，氢的存储和运输仍然有一些难度。一般气体都用金属罐子存放，但氢分子实在太小了，容易渗透金属罐子，时间长了不仅储存的氢气会变少，金属罐自身也会变脆，这被称为氢脆现象。

所以在运输氢气的时候，为提高存储与运输的便捷性，往往需要将其进一步转化为其他绿色化学品。但这样的转换会带来一定的能源损失，进而导致成本的增加。

举个例子，深海风大浪大，风力发电成本相对较低，但把这部分电力输送回陆地却既困难又昂贵。
为了解决这个问题，可以在发电平台上利用电解海水制备氢气，然后再转化为氨或者绿色化学品，运回陆地使用。这种方法比直接输电显然更具有优势。

新能源的特点之一是分布广泛，不像化石能源那样集中在古代浮游生物沉积区或者森林覆盖的小块地区。这意味着新能源的开发呈现分散化趋势，因此涌现出众多规模较小的发电设施。这种模式有效减少了能源运输损失，也使得用户能更好地控制能源，无须依赖他人。

分布式能源还能更灵活地满足用户需求，根据当地需求调整发电和储能策略，是未来能源应用的重要发展方向。

如果这些未来能源之梦成真的话，我们的生活会迎来翻天覆地的变化，我们穿的衣服、吃的食物、家里用的东西以及出行方式都将与电力紧密相连。

未来，衣服的制造不再依赖太阳能或化石能源，将涌现更多舒适且环保的绿色衣物。各种酷炫的小装置和个性化的物品会让生活更有乐趣。一些设备甚至可以从我们的体热中获取能量，而不需要频繁充电。

蔬菜和水果也需要能源才能生长。现在我们在农业中广泛使用的也是化石能源，但未来我们可以使用绿色氨来制备化肥，推动农业向更加可持续的方向发展。

未来的农业不再需要大量土地，只需要足够的能量和营养物质，作物就能茁壮成长。这些能量的来源可以多样化，不必完全依赖于太阳光，高效的光源同样能模拟出太阳光照射的效果。

这种方式可以节约水资源，还能更有效地利用能源，对环境的影响也很小。

在城市里，我们也可以种粮食了，不再需要把粮食从很远的地方运过来，从而降低了对外部资源的依赖。

智能家居主要依托太阳能运行。墙壁、屋顶和窗户都可以收集太阳能进行照明、取暖和烹饪。同时，房屋还能利用太阳能和智能系统为电动车充电，既环保又实用。

未来，大部分交通工具会使用电力。火车已经实现了电气化，汽车也在逐步实现。

短途水上交通也可能完全实现电动化，长途航海则可能使用高能量密度的绿色燃料。

无人机早已实现了电动化，未来的载人飞机也可能如此。对于长途飞行，使用清洁的航空燃料将成为趋势。

利用废油制造航空煤油有助于减少环境污染，但为了追求更加清洁的航空燃料，我们可能需要转向使用绿色碳和氢气作为原料。

人类的未来家园不局限于地球，我们会向太空中的其他星球进发。在这场冒险中，我们会用到很多新奇的能源技术。

为了离开地球，固体和液体燃料是不可或缺的，但是在未来，我们有望用更高级的新能源来制造这些燃料。当我们在其他星球建立基地时，只要能够发现碳、氢、氧、氮等关键元素资源，我们便有能力自主制造火箭燃料。

在浩瀚宇宙中，太阳只是一颗普通的恒星，无数颗恒星时刻向外释放出源源不断的能量，这些能量可以直接用于光伏发电。

然而，当我们处于两颗恒星之间且离二者都很远时，可能就要依赖核能了。但现在的核电站规模太大，并不适合用于宇宙旅行。

不过，核反应发电的核电池技术已经在一些深空项目中使用了，比如著名的“旅行者号”就采用了核电池技术。

未来，我们可能会研发出更小巧、更高效的核动力技术，或者找到其他更为便捷的新能源。这些突破，需要未来科学家的不懈探索和发现。

改变世界能源领域的 10 位科学家

詹姆斯·瓦特

英国发明家，机械工程师。在 18 世纪改良了蒸汽机，制造出可以实际运行的蒸汽机，推动人类进入蒸汽时代。

亚历山德罗·伏特

意大利物理学家，发明了电池，使得便携式电器成为可能。

迈克尔·法拉第

英国物理学家，历史上最有影响力的科学家之一，科学史上最优秀的实验家之一。发现了电磁感应现象，使用电磁反应发电，为发电技术和电能的转换利用奠定了基础。

詹姆士·麦克斯韦

英国物理学家，推动了电磁学的发展，为人类理解电力的应用提供了理论和实践基础。

尼古拉斯·奥托

德国工程师和发明家，成功研制了第一台四冲程内燃发动机，推动了汽车和其他机械设备的发展，使得内燃机成为现代工业和交通运输中重要的动力来源。

尼古拉·特斯拉

塞尔维亚裔美籍发明家、机械工程师、实验物理学家，电机工程的先驱，设计了交流电供电系统，为无线通信和无线电奠定了基础。

鲁道夫·迪塞尔

德国工程师和发明家，发明了高效的柴油发动机，为汽车、火车、船舶、发电等领域提供了强大的动力。

弗里茨·哈伯

德国化学家，发明了大规模合成氨气的工艺，奠定了农业肥料和现代化工的基础，对全球粮食生产和化工产业产生了深远影响。

阿尔伯特·爱因斯坦

物理学家，创建了现代物理学的两大支柱——相对论和量子力学。发现了光电效应和质能等价原理。

恩里科·费米

美籍意大利物理学家，领导制造了世界首个核反应堆，也是原子弹的设计师和缔造者之一。

如何成为一名能源科学家？

打好基础

虽然历史上有些在能源领域产生重大影响的科学家没有受过完整的教育，但在现代社会，要成为科学家，必要的基本功是不可或缺的。要在能源领域有所建树，需要熟悉数学、物理学、化学、机械、工程等多个学科的基础知识，还要对政策、环境影响等方面有所关注和了解，知识面要广泛，避免偏科！

保持好奇心

科学家都需要具备能够发现问题的能力，需要多问“为什么”，勇于质疑，比如一些习以为常的事情是否就是最好的？现有的答案是否就是最终的答案？现有的解决方案是否有更高效的替代方法？要尝试提出全新的看待问题的角度和解决问题的思路。

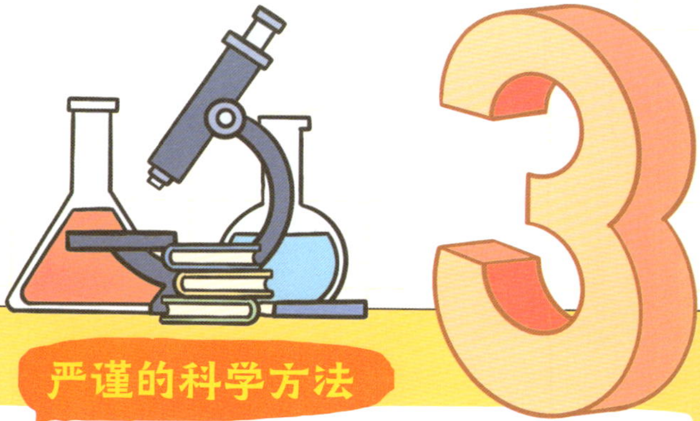

严谨的科学方法

在提出新的想法和观点时可以天马行空，但是对于这些新的想法和观点，要进行严格的验证和推理，确保它们是真实的、合理的。能源问题具有系统性，影响是多方面的，对于自己提出的新的方案、方法，要进行全面、批判性的思考，考察新的思路带来的方方面面的影响。

团队协作

现代的科学研究比数百年前要复杂得多，需要团队合作才可以完成。一个人的精力和能力有限，个人的成功离不开团队的整体支持和帮助。

良好的沟通表达能力

科学研究需要交流，无论是与同事、同行进行学术交流，还是与外界保持沟通，良好的沟通和表达能力都有助于完善观点，发现新问题，也有助于让成果尽早得到社会的重视和应用。

后记

在这个日新月异的科技时代，每一刻都充满了惊喜与挑战。小朋友们是未来的主人翁，他们充满了对这个世界的好奇心与探索欲。引导小朋友们正确认识科技、理解科技，激发他们对科学的热爱与追求，我们责无旁贷。

正是基于这样的考虑，我欣然接受了湖南科学技术出版社与我的老朋友——《中国日报》张周项记者的邀请，为《我是未来科学家》系列绘本担任主编。作为《第一推动丛书》的出版者，湖南科学技术出版社在我国科普界具有崇高的声誉。希望我们这套绘本，也能配得上这份历史性的声誉，甚至对它有所增益。

我为这套绘本做的第一件事，是跟邹莉编辑与张周项记者等人商定 10 个前沿领域主题。太空探索、人工智能、基因编辑、新能源、脑科学、芯片、种子……都是引人入胜而且对现实十分重要的新兴科技。当然，还有我最熟悉的量子信息。

我为这套绘本做的第二件事，是努力为本系列的各个主题邀请到相应领域的资深专家执笔。

例如复旦大学生命科学学院退休教授顾凡及先生，是我十分尊敬的科研界与科普界老前辈。他在退休后做了大量的脑科学科普，而且从不人云亦云，对许多热门消息发表过冷思考，如欧盟的人脑计划与马斯克的神经联结公司。最有趣的是，他的这些冷思考多次得到事实的验证。因此由他来担纲解读脑机接口，在质量上就有天然的保证。

又如我的中国科学技术大学师弟——中国科学院国家空间科学中心研究员周炳红博士，他是真正的航天专家，尤其是在火箭推进剂方面。他关于推进剂在失重条件下流动性的研究，对“长征五号”复飞有重要贡献。他和李明涛等同事还研究小行星防御，提出了“以石击石”的新型战略，引起国内外很多媒体的轰动。与此同时，周炳红老师也十分热爱科普，入选了“中国航天科普大使”。实际上，他的科普工作从一开始就是跟我一块做的。由他来解读太空探索，自然再合适不过。

由于篇幅关系，无法在这里对每一位作者都做详细的介绍。但我们可以确定，每一位作者在相应的领域都是响当当的专家。这是我们这套绘本最大的底气所在，是值得向所有人推荐的。

我为这套绘本做的第三件事，是自己作为作者，撰写量子科技分册。在此，我要特别感谢张周项记者，他不但自告奋勇地担任了这套绘本的执行主编，还组织了一支优秀的插画团队。书中的插图既准确又生动，表明他们确实下了很大的工夫来理解量子信息这样深奥的科技，令人十分动容！

每一个领域的专家，其实都能够下笔万言。但为了让小朋友轻松阅读、高效吸收，我们精心将每册内容凝练至适宜篇幅，并融入大量生动有趣的插图。此外，每一册最后都会列出九至十位在此领域做出重要贡献的科学家，还有一个问答：如果你想成为这个领域的科学家，你该怎么办？希望这些编排，能够激发更多小朋友对科技的热情。

《我是未来科学家》系列绘本，是我们为小朋友精心准备的一份礼物。希望通过这套绘本的陪伴与引导，小朋友们能够更加勇敢地面对未知，更加积极地探索世界，成为未来科技的引领者与创造者。让我们一起点亮未来之光，探索科技的无限可能吧！

袁岚峰

图书在版编目（CIP）数据

我是未来科学家. 未来世界的能源之道 / 袁岚峰主编 ; 刘歆颖著. -- 长沙 : 湖南科学技术出版社, 2024. 12. -- ISBN 978-7-5710-3306-4

Ⅰ. Z228.1; TK01-49

中国国家版本馆 CIP 数据核字第 2024K489G4 号

WO SHI WEILAI KEXUEJIA WEILAI SHIJIE DE NENGYUAN ZHI DAO

我是未来科学家 未来世界的能源之道

主　　编：袁岚峰
执行主编：张周项
著　　者：刘歆颖
绘　　者：大　鱼
出 版 人：潘晓山
责任编辑：邹　莉　刘羽洁
出版发行：湖南科学技术出版社
社　　址：长沙市芙蓉中路一段 416 号泊富国际金融中心
网　　址：http://www.hnstp.com
湖南科学技术出版社天猫旗舰店网址：
　　　　　http://hnkjcbs.tmall.com
邮购联系：本社直销科 0731-84375808
印　　刷：长沙市雅高彩印有限公司
　　　　　（印装质量问题请直接与本厂联系）
厂　　址：长沙市开福区中青路 1225 号
邮　　编：410153
版　　次：2024 年 12 月第 1 版
印　　次：2024 年 12 月第 1 次印刷
开　　本：889 mm×1230 mm　1/16
印　　张：3.25
字　　数：23 千字
书　　号：ISBN 978-7-5710-3306-4
定　　价：35.00 元